**W9-ATF-036**

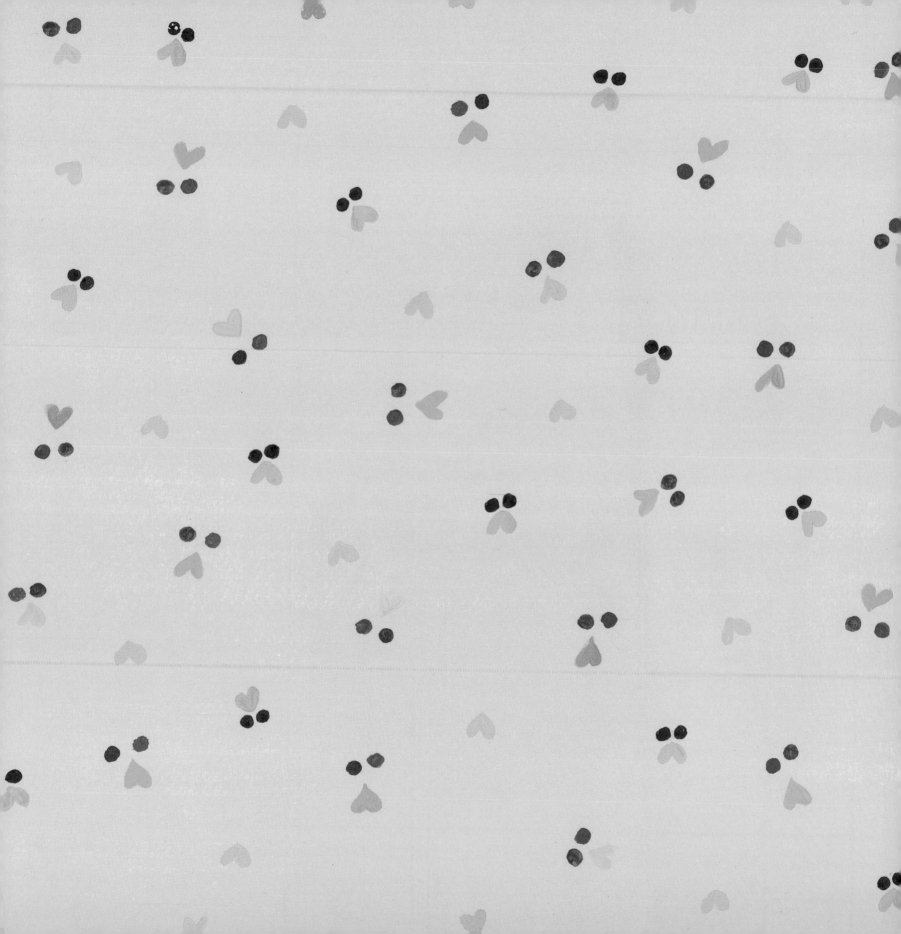

# Juguemos al corro de la morera

## (Here We Go Round the Mulberry Bush)

Sophie Fatus y Fred Penner

Intermón Oxfam

Juguemos al corro de la morera,
de la morera, de la morera.

Here we go round the mulberry bush,
the mulberry bush, the mulberry bush.

Juguemos al corro de la morera,
por la mañana.

Here we go round the mulberry bush,
early in the morning.

Así nos levantamos, nos levantamos,
nos levantamos.

This is the way we jump out of bed,
jump out of bed, jump out of bed.

Así nos levantamos,
por la mañana.

This is the way we jump out of bed,
early in the morning.

Así nos duchamos, nos duchamos,
nos duchamos.

This is the way we wash ourselves,
wash ourselves, wash ourselves,

Así nos duchamos,
por la mañana.

This is the way we wash ourselves,
early in the morning.

Así nos cepillamos los dientes,
los cepillamos, los cepillamos.

This is the way we brush our teeth,
brush our teeth, brush our teeth.

Así nos cepillamos los dientes,
por la mañana.

This is the way we brush our teeth,
early in the morning.

Así nos peinamos, nos peinamos, nos peinamos.

This is the way we comb our hair, comb our hair, comb our hair.

Así nos peinamos,
por la mañana.

This is the way we comb our hair,
early in the morning.

Así nos vestimos, nos vestimos,
nos vestimos.

This is the way we put on our clothes,
put on our clothes, put on our clothes.

Así nos vestimos,
por la mañana.

This is the way we put on our clothes,
early in the morning.

Así desayunamos, desayunamos, desayunamos.

This is the way we eat our food, eat our food, eat our food.

Así desayunamos,
por la mañana.

This is the way we eat our food,
early in the morning.

Así fregamos la taza,
la fregamos, la fregamos.

This is the way we clean our bowls,
clean our bowls, clean our bowls.

Así fregamos la taza,
por la mañana.

This is the way we clean our bowls,
early in the morning.

Así nos vamos al cole,
al cole, al cole.

This is the way we go to school,
go to school, go to school.

Así nos vamos al cole,
por la mañana.

This is the way we go to school,
early in the morning.

Así decimos adiós,
decimos adiós, decimos adiós.

This is the way we wave good-bye,
wave good-bye, wave good-bye.

Así decimos adiós.

This is the way we wave good-bye,

adiós, khanbiafo, namaste, joi gin

good-bye, khanbiafo, manaste, joi gin

¡por la mañana!

early in the morning!

# Juguemos al corro de la morera
### (Here We Go Round the Mulberry Bush)

Here we go round the mul-ber-ry bush, the mul-ber-ry bush, the

mul-ber-ry bush. Here we go round the mul-ber-ry bush, ear-ly in the mor-ning.

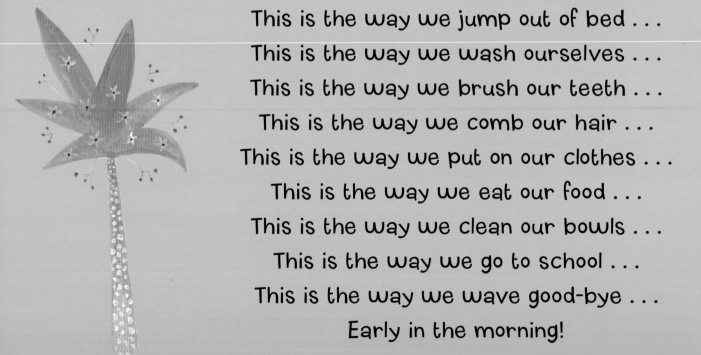

This is the way we jump out of bed . . .

This is the way we wash ourselves . . .

This is the way we brush our teeth . . .

This is the way we comb our hair . . .

This is the way we put on our clothes . . .

This is the way we eat our food . . .

This is the way we clean our bowls . . .

This is the way we go to school . . .

This is the way we wave good-bye . . .

Early in the morning!

# La canción

*Here We Go Round the Mulberry Bush* es una canción tradicional muy antigua y de cuya procedencia se cuentan muchas historias.

Hay una versión que dice que la morera protege a la gente: formando un corro a su alrededor y bailando mientras se gira hacia la derecha, se aleja a las hadas malas. También se afirma que una lavandera creó el juego para que sus hijos jugaran cerca de ella mientras trabajaba. La mujer se inventó una canción para bailar en torno a la morera de su patio. En la tradición celta, durante las bodas rurales, era corriente bailar alrededor de una morera.

La morera es un árbol que tiene las hojas en forma de corazón y los frutos de color rojo.

# El baile

Esta canción se acompaña de un divertido baile. Los amigos se toman de la mano para formar un corro y empiezan a bailar y dar vueltas. A cada verso de la canción, todo el mundo se detiene para hacer lo que diga la letra. Cuando cantes:

"Así nos cepillamos los dientes, los cepillamos, los cepillamos. Así nos cepillamos los dientes por la mañana."

... finge que te los cepillas. ¡También puedes inventarte tus propios versos mientras juegas al corro!

Para mi preciosa amiga Dona - S. F.

Dirección de la colección: Cristina Concellón
Coordinación de la producción: Elisa Sarsanedas

Título original: *Here We Go Round the Mulberry Bush*, 2007
© texto: Barefoot Books, 2007
© ilustraciones: Sophie Fatus, 2007
© traducción: Alberto Jiménez Rioja, 2008
© de esta edición: Intermón Oxfam, 2008

ISBN: 978-84-8452-555-4

Impreso en China

Impreso en papel exento de cloro.

# Intermón Oxfam

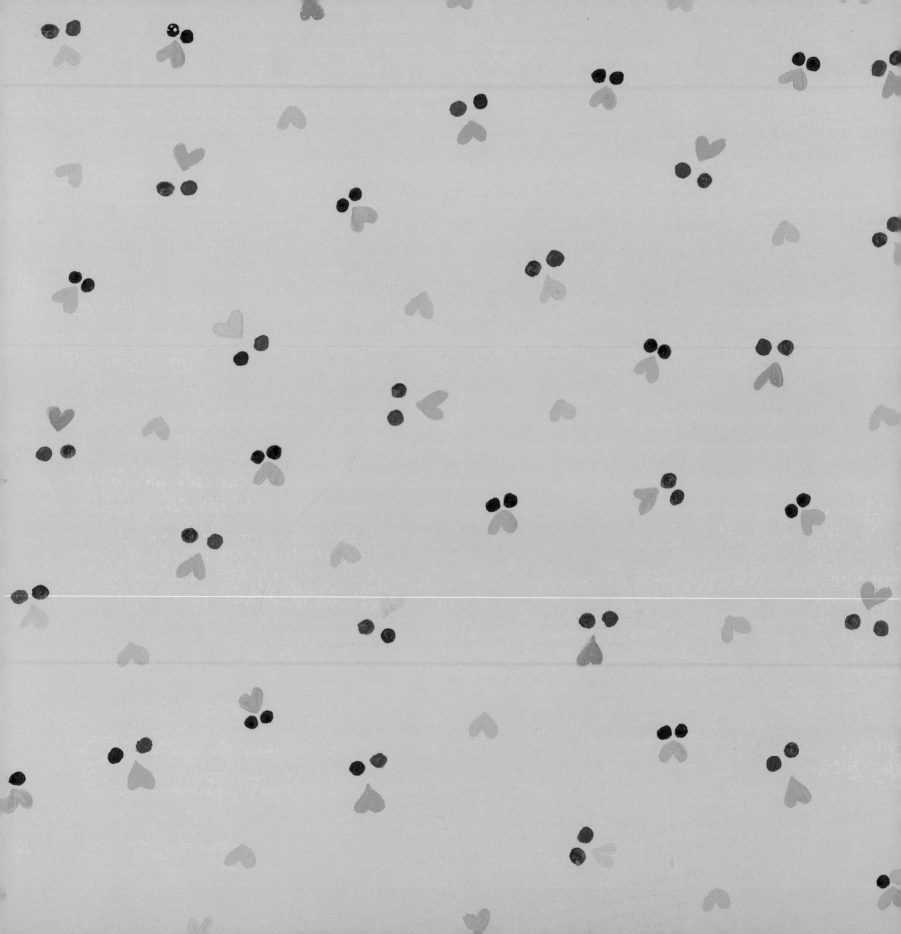